# ইউরোপ যখন অন্ধকারে, আমরা তখন আলোয়

**লেখক: জহিরুল ইসলাম**

(প্রকৌশলী | গবেষক | ভ্রমণকারী )

AF762254

সূচীপত্র (**Table of Contents**)

**সারসংক্ষেপ (Executive Summary)**

"ইউরোপ যখন অন্ধকারে, আমরা তখন আলোয়" বইটি লেখক জহিরুল ইসলাম-এর একটি অনুসন্ধানভিত্তিক স্মারকগ্রন্থ– যেখানে তিনি একজন প্রকৌশলী, গবেষক ও সচেতন নাগরিক হিসেবে নিজ দেশ এবং উপমহাদেশের প্রাচীন ও বর্তমান শিক্ষা ও জ্ঞানচর্চার অবস্থা পর্যালোচনা করেছেন।

তিনি তুলে ধরেছেন–

- ভারত, ইসলামি বিশ্ব ও চীনের গৌরবোজ্জ্বল জ্ঞান ঐতিহ্য
- ইউরোপের অন্ধকার যুগের বিপরীতে প্রাচ্যের আলোকিত সমাজ
- ব্রিটিশদের পরিকল্পিত শিক্ষা ধ্বংস এবং তার দীর্ঘমেয়াদি প্রভাব
- আজকের বাংলাদেশের মেধাবী যুবকদের মাইগ্রেশন ও ব্রেইন ড্রেন
- এবং শেষ অধ্যায়ে তুলে ধরেছেন কীভাবে বাংলাদেশ আবার জ্ঞানভিত্তিক জাতিতে পরিণত হতে পারে

এটি শুধুমাত্র ইতিহাসভিত্তিক বই নয়–
এটি একটি আত্মানুসন্ধান, একটি আন্দোলনের সূচনা,
যা ভবিষ্যতের বাংলাদেশের জন্য প্রেরণাদায়ক একটি দিকনির্দেশনা।

---

লেখক পরিচিতি (**Author's Bio**)

নামঃ জহিরুল ইসলাম
জন্মঃ ফরিদগঞ্জ, চাঁদপুর
শিক্ষাঃ মেকানিক্যাল ইঞ্জিনিয়ারিং, সাপ্লাই চেইন ম্যানেজমেন্ট
গবেষণার সময়কালঃ ২০২১–২০২৪
ভ্রমণস্থলঃ কলকাতা, দিল্লি, বিহার, আগরতলা, আসাম, শিলিগুড়ি, ত্রিপুরা
বিশেষ আগ্রহঃ প্রাচীন উপমহাদেশের শিক্ষাপদ্ধতি, ব্রিটিশ শাসনামলের প্রভাব, ব্রেইন ড্রেন ইস্যু
লক্ষ্যঃ একটি জ্ঞানভিত্তিক, গবেষণামূলক এবং আত্মবিশ্বাসী বাংলাদেশ গঠন

ভূমিকা (Prologue): কে কাকে আবিষ্কার করলো?

**“ ১৪৯২ সালে কলম্বাস আমেরিকা আবিষ্কার করলেন।**
**১৮৫২ সালে স্যার জর্জ এভারেস্ট হিমালয়ের সর্বোচ্চ চূড়া আবিষ্কার করলেন।**
**১৭৭০ সালে জেমস কুক অস্ট্রেলিয়া আবিষ্কার করলেন। ”**

— এসব কথা আমরা বইয়ে পড়েছি, শিক্ষক বলেছে, পরীক্ষায় লিখেছি।

কিন্তু কখনও ভেবেছি কি— "**আবিষ্কার**" **মানে কী?**
কলম্বাস আসার আগে কি আমেরিকা ছিল না?
এভারেস্ট কি তখনো দাঁড়িয়ে ছিল না?
অস্ট্রেলিয়ায় কি মানুষ ছিল না?

আসল প্রশ্ন হলো:
- কলম্বাস আমেরিকায় গিয়েছিলেন ১৪৯২ সালে। কিন্তু সেখানে তো **লাখো 'রেড ইন্ডিয়ান' মানুষ, অ্যাজটেক-মায়া-ইনকা সভ্যতা** অনেক আগে থেকেই বাস করছিল।

- তাহলে কলম্বাস কী "আবিষ্কার" করলেন?
- জর্জ এভারেস্ট যদি হিমালয়ে গিয়ে একটি চূড়াকে ইংরেজিতে নাম দেন, সেটাই কি আবিষ্কার?
- স্থানীয়রা তো আগে থেকেই জানে—এর নাম **সাগারমাথা,** বা **চোমোলুংমা** (তিব্বতি ভাষায়)।
- তাহলে কে কাকে আবিষ্কার করলো?

- অস্ট্রেলিয়ায় **আদি আদিবাসী "আবোরিজিনাল" জাতিগোষ্ঠী** হাজার হাজার বছর ধরে বাস করছিল।
- কিন্তু জেমস কুক গিয়ে দেখে ফেললেন, তাই সেটা ইউরোপীয় মানচিত্রে উঠলো, আর আমরা বললাম "আবিষ্কার" !

ইউরোপীয় ইতিহাসে "আবিষ্কার" শব্দের প্রকৃত অর্থ:
- **নতুন কিছু দেখানো নয়- বরং নতুন কিছু দখল করার অনুমতি তৈরি করা।**
- যেটা ইউরোপ আগে জানতো না, সেটা ওদের কাছে নতুন — **তাই সেটাই ওদের কাছে 'আবিষ্কার'।**
- তারা শুধু দখল করেনি, **"জ্ঞান, ইতিহাস ও ভাষার মালিকানাও" দাবি করেছে।**

**যেটা তারা আগে জানতো না, সেটা দুনিয়ায় কখনও ছিল না**
**— এমন ভাব করাটাই ইউরোপীয় ইতিহাসচর্চার এক 'আধিপত্যবাদী কৌশল'।**

প্রাচীন ভারতে (১৩৪০-১৪২৫ খ্রি.), বিশেষ করে কেরালা অঞ্চলে, ক্যালকুলাসের ধারণা তৈরি হয়েছিল। সঙ্গমগ্রামের মাধব নামে একজন গণিতবিদ ইউরোপে ক্যালকুলাসের বিকাশের কয়েক শতাব্দী আগে এর ভিত্তি স্থাপন করেছিলেন। ম্যাডেলিনের চিকিৎসায়, ইবনে সিনা-র "কানুন ফিত তিব্ব" ইউরোপে আধুনিক চিকিৎসা পদ্ধতির মূল ভিত্তি।

ভারত মহাসাগর, সিল্ক রুট আর ইউরোপের "প্রথম দেখা" :

**আরব নাবিকরা, ভারতীয় গুজরাটি ও বাঙালি বানিজ্যজীবীরা, চীনা মুসলিম নৌপ্রধান ঝেং হে**

– এরা ভারত মহাসাগরের জলপথ ব্যবহার করে **আফ্রিকা, মালয়েশিয়া, ইন্দোনেশিয়া, সৌদি আরব, ভারত, বাংলাদেশ পর্যন্ত** পণ্য আদানপ্রদান করতো **১ম খ্রিস্টাব্দ থেকে** !

তবু যখন **ভাস্কো-দা-গামা** ১৪৯৮ সালে ভারতের কেরালায় আসে, তখন ইউরোপীয়রা এটাকে "India discovered by sea" বলে প্রচার করে।

- **" ওরা আসলে দেরিতে এসেছিল, কিন্তু ইতিহাসটা লিখে ফেলেছিলো আগে। "**

**উপসংহার:**

এই বই "**ইউরোপ যখন অন্ধকারে, আমরা তখন আলোয়**"
– শুধু ইতিহাস নয়, **একটি দৃষ্টিভঙ্গির** মেরামত।

আমরা জানবো—
- কে কার আগে জ্ঞানচর্চা করেছে,
- কে কাকে অনুবাদ করেছে,
- আর কাদের গৌরব আজ ভুলে বসে আছি।

## অধ্যায় ১

## আমার যাত্রা: অনুসন্ধানের শুরু

আমার নাম **জহিরুল ইসলাম**। জন্ম চাঁদপুর জেলার **ফরিদগঞ্জ পৌরসভা** এলাকায়। শৈশব, কৈশোর, স্কুলজীবন কেটেছে এই মফস্বলের এক শিক্ষক পরিবারে, যেখানে মধ্যবিত্ত জীবনের সংগ্রাম আর শিক্ষার প্রতি ভালোবাসা পাশাপাশি চলত।

ছোটবেলা থেকেই বই পড়ার প্রতি আগ্রহ ছিল প্রবল, -শুধু পাঠ্যবই নয়, বরং ইতিহাস, বিজ্ঞান, রোমাঞ্চ, অন্বেষণধর্মী যেকোনো বিষয়ের বই হাতছাড়া করতাম না। এই বইপ্রেমই আমার মধ্যে **জিজ্ঞাসু মন** গড়ে তোলে, আর কিশোর বয়সেই লেখালেখির প্রতি একটা টান তৈরি হয়।

ফরিদগঞ্জের স্কুলজীবন শেষে কলেজ পড়তে চলে আসি **ঢাকায়**। এখানেই ধীরে ধীরে আমি বুঝতে শুরু করি — আমরা যাদের "মেধাবী" বলি, তারা আসলে কীভাবে গড়ে উঠে, আর কীভাবে ভেঙে পড়ে।

ঢাকায় কলেজ জীবন শেষে সুযোগ পাই প্রকৌশল বিশ্ববিদ্যালয়ে পড়ার। বিশ্ববিদ্যালয় মানেই দেশের শ্রেষ্ঠ মেধাবীদের মিলনস্থল। তবে বিশ্ববিদ্যালয়ে পড়াকালীন খুব তাড়াতাড়িই আমি দেখতে পাই — এই অসাধারণ সব মেধাবীদের **বেশিরভাগই একসময় দেশের বাইরে চলে যায়**। কারও উদ্দেশ্য উচ্চশিক্ষা, কারও চাকরি, কেউ স্থায়ীভাবে বসবাস করতে। যারা থাকছে, তারাও **ছুটছে** আমলাতন্ত্রের সোনার হরিণ বি.সি.এস.-এর দিকে —যেন চাকরিই শুধুই বেঁচে থাকার একক-সংগ্রাম। প্রথমে বিষয়টি স্বাভাবিক মনে হলেও ধীরে ধীরে একটা প্রশ্ন আমাকে কুরে কুরে খেতে শুরু করে—

- *"আমরা যদি সবাই চলে যাই — তবে এই দেশটা গড়বে কে?"*
  *"এই মেধাবীরা কি কখনোই দেশের কাজে আসবে না?"*

*"এক সময় কি উপমহাদেশেই ছিলোনা বিশ্বমানের বিশ্ববিদ্যালয়?"*

*"তাহলে সেই শিক্ষা, গবেষণা, প্রযুক্তি—সব গেলো কোথায়?"*

এই প্রশ্নগুলোর উত্তর খুঁজতেই আমার অনুসন্ধান শুরু হয়। আর এটাই আমার জীবনের সবচেয়ে বড় সফরের সূচনা।

**প্রথমে আমি পড়তে শুরু করি...**

ঢাকা বিশ্ববিদ্যালয়ের লাইব্রেরি থেকে শুরু করে, জাতীয় আর্কাইভ, পুরনো গবেষণা পত্রিকা, এমনকি ইসলামিক ফাউন্ডেশনের রেফারেন্স বিভাগ পর্যন্ত ঘেঁটে ফেলি। আমি জানতে পারি— এক সময় এ উপমহাদেশেই ছিলো বিশ্বখ্যাত পাঁচটি বিশ্ববিদ্যালয়। যেখানে ধাতববিদ্যা, স্থাপত্য, চিকিৎসা, দর্শন, জ্যোতির্বিজ্ঞান শেখানো হতো। তখন ইউরোপ ছিলো "Dark Ages"-এ। তারা জ্ঞান শব্দটাই ভয় পেত, গির্জার অনুমতি ছাড়া কোনো পাণ্ডিত্য প্রকাশ নিষিদ্ধ ছিল। তথ্য যত পাই, আমি ততই অভিভূত হই।

আমার মনে হয়—**এই সত্য গুলো কেন আমাদের জানানো হয়নি?**

আমরা কেন শুধু ইউরোপের বিশ্ববিদ্যালয়কেই শ্রেষ্ঠ ভাবতে শিখেছি?

**২০২২–২০২৪: আমার ভ্রমণযাত্রা শুরু**

এই প্রশ্নগুলোর গভীরে যাওয়ার জন্য আমি একের পর এক দেশে গেছি। সব মিলিয়ে প্রায় ১৫ বার গিয়েছি ভারত। প্রথমে কলকাতা, তারপর দিল্লি, আগরতলা, শিলিগুড়ি, মুজাফ্‌ফরপুর, গয়া— প্রতিটি শহরের লাইব্রেরি, মিউজিয়াম, পুরাতাত্ত্বিক বিভাগ ঘুরে বেড়িয়েছি।

আমি গিয়েছিলাম নালন্দার ধ্বংসাবশেষ দেখতে, আগরতলার উজান্তা রাজপ্রাসাদে প্রাচীন চিকিৎসা পাণ্ডুলিপির অনুলিপি দেখতে, কলকাতার ভিক্টোরিয়া মেমোরিয়ালে "Indic Knowledge System" সেকশনে ঘন্টার পর ঘন্টা কাটিয়েছি। এমন অনেক কিছু দেখেছি, যা আমি বিশ্ববিদ্যালয়ে কখনো পড়িনি।

**আমার সংগ্রহ হারানো – শিলিগুড়ির ট্র্যাজেডি**

২০২৪ সালের মাঝামাঝি এক ভ্রমণে আমি গিয়েছিলাম শিলিগুড়ি। সেখানে গিয়ে আসামের একটি আঞ্চলিক জাদুঘরে কিছু বিরল নথির জেরক্স কপি পাই—যেখানে ছিল, ব্রিটিশরা উপমহাদেশে উচ্চশিক্ষা ধ্বংসের কিছু গুরুত্বপূর্ণ তথ্য ও রূপরেখা।

দুঃখজনকভাবে, সেই সফরের সময় ট্রেনে আমার ব্যাগ হারিয়ে যায়। সেই ব্যাগে ছিলো প্রায় দুই বছরের কিছু সংগ্রহ— পাণ্ডুলিপির কপি, ব্যক্তিগত নোট, ম্যাপ, স্কেচ, সাক্ষাৎকার সব হারিয়ে যায়। আমি কয়েকদিনের জন্য ভেঙে পড়ি। কিন্তু সেই মুহূর্তে আমি নিজেকে বলি— **"তথ্য হারাতে পারে, কিন্তু সত্য হারায় না।"** আমি আবার শুরু করবো।

**আমার সংকল্প**

আমি ঠিক করেছিলাম—এই অনুসন্ধান শুধুই আমার ভেতরের প্রশ্নের উত্তর নয়, এই লেখা হবে আমার দেশের প্রতি একটি জবাবদিহি। যারা দেশ ছেড়ে যাচ্ছে, তাদের জন্য একটি দলিল, যাতে তারা জানে—আমাদের অতীত ছিল গৌরবময়, ভবিষ্যতও হতে পারে।

এই বই, **"ইউরোপ যখন অন্ধকারে, আমরা তখন আলোয়"** — কেবল ইতিহাস নয়, এটি হবে **একটি আহ্বান, একটি প্রতিরোধ, একটি স্বপ্নের নকশা।**

## অধ্যায় ২

## জ্ঞানচর্চার স্বর্ণযুগ — ভারত, ইসলাম ও চীন

## ২.১: ভূমিকা — "এক আলো ছিলো পূর্বে"

৫ম থেকে ১২শ শতক পর্যন্ত ইউরোপ যেখানে "Dark Ages" বা "অন্ধকার যুগ" -এ নিমজ্জিত ছিল, তখন বিশ্বমানের শিক্ষা, গবেষণা, চিকিৎসা ও প্রযুক্তির কেন্দ্র ছিলো ভারত, ইসলামি বিশ্ব এবং চীন।

**" ইতিহাস যখন ইউরোপের গির্জাগুলোর অন্ধকার কক্ষে পুরোহিতের ফিসফিসানিতে বন্দী,**
**তখন ভারতবর্ষের গৌতম বুদ্ধের চিন্তা, বাগদাদের বায়তুল হিকমার গবেষণা,**
**আর চীনের কনফুসিয়াস-দর্শনে আলো জ্বলছিলো নিরন্তর। "**

## ২.২: ভারত উপমহাদেশ — প্রাচীন জ্ঞানতীর্থ

ভারতের প্রাচীন ইতিহাসে একাধিক বিশ্ববিখ্যাত বিশ্ববিদ্যালয়ের উল্লেখ পাওয়া যায়, যেগুলো ১০০০ বছর আগে গড়ে উঠেছিল।

- **নালন্দা বিশ্ববিদ্যালয় (৫ম–১২শ শতক)**
  - **অবস্থান:** বর্তমান বিহার, ভারত
  - **প্রতিষ্ঠা:** গুপ্ত সাম্রাজ্যের রাজা কুমারগুপ্ত
  - **ছাত্রসংখ্যা:** প্রায় ১০,০০০ (দেশি ও বিদেশি)
  - **শিক্ষক:** প্রায় ২,০০০
  - **বিষয়:** বৌদ্ধ দর্শন, যুক্তিবিদ্যা, গণিত, জ্যোতির্বিজ্ঞান, চিকিৎসা, স্থাপত্য

**চীনা পরিব্রাজক হিউয়েন সাঙ (Xuanzang)** প্রায় ৫ বছর এখানে থেকে লেখেন, "নালন্দা বিশ্ববিদ্যালয় ছিলো সারাবিশ্বের জ্ঞানপিপাসুদের আশ্রয়স্থল।

- **বিক্রমশীলা (৮ম–১২শ শতক)**
  - **প্রতিষ্ঠা:** পাল রাজা ধর্মপাল
  - **বিশেষত্ব:** উচ্চতর বৌদ্ধ তত্ত্ব, ধ্যান, ভাষাতত্ত্ব, নৈতিকতা
  - **বিশেষত্ব:** আন্তর্জাতিক ছাত্রদের উপস্থিতি (তিব্বত, চীন, ভিয়েতনাম)
- **সোমপুর মহাবিহার (৮ম শতক)**
  - **অবস্থান:** বর্তমান বাংলাদেশ, পাহাড়পুর
  - **বিশ্ব ঐতিহ্য:** UNESCO World Heritage
  - **স্থাপত্য:** ২০ একরের উপর গঠিত বিশাল পরিসর
  - **প্রভাব:** স্থাপত্যবিদ্যা ও ইঞ্জিনিয়ারিং চর্চা

**২.৩ঃ ইসলামি সভ্যতা — জ্ঞানের সোনালী যুগ (৭ম–১৩শ শতক)**

**খুলাফায়ে রাশেদীন ও আব্বাসীয় খিলাফতের সময়ে** ইসলামি বিশ্বে বিজ্ঞান ও জ্ঞানচর্চা তুঙ্গে ওঠে।

**Bayt al-Hikmah (House of Wisdom), Baghdad**

- **প্রতিষ্ঠা:** খলিফা হারুন আর রশীদ (৮ম শতক)
- **শিক্ষক:** আল-খাওয়ারিজমি, আল-ফারাবি, আল-হায়থাম, ইবনে সিনা
- **অবদান:**
    - গ্রিক, ভারতীয়, ফারসি পাণ্ডুলিপি অনুবাদ
    - গণিত, পদার্থবিদ্যা, চিকিৎসা, দর্শন
    - **আল-খাওয়ারিজমি**-র হাত ধরে জন্ম নেয় **Algebra**

**মুসলিম বিশ্বে জ্ঞান ও বিজ্ঞান:**

| **বিজ্ঞানী** | **অবদান** |
|---|---|
| আল-খাওয়ারিজমি | Algebra, Algorithm, গণিত |
| ইবনে সিনা | Canon of Medicine (চিকিৎসার বিশ্বগ্রন্থ) |
| আল-হায়থাম | অপটিক্স (আধুনিক পদার্থবিদ্যার ভিত্তি) |
| আল-বিরুনী | ভূগোল, ভূমিকম্পবিজ্ঞান, ভারি ধাতুবিদ্যা |
| জাবির ইবনে হাইয়ান | রসায়ন (Alchemy → Chemistry) |

**" ইউরোপ যেসব আবিষ্কার Renaissance-এ করেছিল বলে দাবি করে,
তার অনেকটাই আগে মুসলিম বিজ্ঞানীরা অনুশীলন করছিলেন "**

**২.৪: চীনে জ্ঞানের প্রবাহ**

চীনে শিক্ষা ও গবেষণার ঐতিহ্য ছিল **শাসক পরিবার** ও **বুদ্ধিবৃত্তিক বংশানুক্রমে**। বিশেষত **হান, তাং** ও **সং** রাজবংশের সময় ব্যাপক জ্ঞান চর্চা হতো।

- **কনফুসিয়ান একাডেমি:**
  - **নীতি ও সমাজচিন্তা** চর্চা হতো
  - **Public Administration** ও **Ethics**-এর জন্য বিশ্বে এক অনন্য মডেল

---

- **চীনের বিজ্ঞান ও প্রযুক্তি:**

| **আবিষ্কার** | **সময়কাল ও অবদান** |
|---|---|
| কাগজ | ২য় শতক (Han Dynasty) |
| ছাপাখানা | ৯ম শতকে (Block Printing) |
| কম্পাস | নৌবিজ্ঞান ও অনুসন্ধান যাত্রায় যুগান্তকারী প্রভাব |
| বারুদ | যুদ্ধ ও রাসায়নিকের এক নতুন অধ্যায় |

**“** চীনের আবিষ্কারের প্রভাবে ইউরোপ পরে প্রযুক্তিগত উন্নয়নের দিকে এগোয় **”**

---

**২.৫: তুলনামূলক বিশ্লেষণ: ইউরোপ তখন কোথায় ছিল?**

ইউরোপের “Dark Ages” (৫ম–১০ম শতক):

- পাঠাগার ছিল চার্চে, সাধারণের প্রবেশ নিষেধ
- বিজ্ঞানকে “পাপ” বলে ধরা হতো
- চিকিৎসা ছিল তাবিজ-কবচ, উপোস আর প্রার্থনার ওপর নির্ভরশীল
- যে কেউ গ্রন্থ অনুবাদ করলে, তাকে “heresy” বা ধর্মদ্রোহ ঘোষণা করা হতো

**Oxford, Cambridge, Bologna** — ইউরোপের প্রথম বিশ্ববিদ্যালয় গড়ে ওঠে **১১শ–১২শ শতকে**
তখন ইসলামি বিশ্ববিদ্যালয়গুলোতে জ্ঞানচর্চা চলছিল প্রায় ৫০০ বছর ধরে!

**২.৬: পশ্চিমাদের জ্ঞান গ্রহণ — অনুবাদ ও অনুকরণ**

**Toledo Translation Movement (স্পেন)** ও **ক্রুসেডের সময়কার সংস্পর্শে**, ইউরোপের পুরোহিত ও পণ্ডিতরা মুসলিম ও ভারতীয় জ্ঞান অনুবাদ করে নিজেদের ভাষায় নিয়ে যায়।

**উদাহরণ:**

- Canon of Medicine (Ibn Sina) → ইউরোপে ৬০০ বছর ধরে চিকিৎসাবিজ্ঞানের পাঠ্যপুস্তক
- Algebra (Al-Khwarizmi) → গণিতের ভিত্তি হিসেবে গ্রহণ
- Indian numerals → আধুনিক সংখ্যা সিস্টেম (০–৯)
- Arab optics & physics → পরবর্তীতে নিউটন, গ্যালিলিওর ভিত্তি গড়ে দেয়

---

**২.৭: উপসংহার — ইতিহাসকে কে লিখে?**

“ যারা শক্তিশালী, তারাই ইতিহাস লেখে। কিন্তু সত্য ঠিকই ফিরে আসে, যারা খোঁজে তাদের কাছে। ”

যখন ইউরোপ ছিল—

- অন্ধকারে,
- গির্জার বন্দিদশায়,
- নিষিদ্ধ পাণ্ডুলিপিতে,

তখন ভারত, ইসলাম ও চীন ছিল—

- আলোয়,
- মুক্ত চিন্তার আশ্রমে,
- জ্ঞানচর্চার মহাসমুদ্রে।

আমার এই অনুসন্ধান, এই অধ্যায়, প্রমাণ করে —
আমাদের ইতিহাস কখনোই হীন ছিল না।
হীন ছিল কেবল **আমাদের জানানো ইতিহাস।**

## অধ্যায় ৩

# ইউরোপ যখন অন্ধকারে — এক তুলনামূলক ব্যাখ্যা

*(একটি সভ্যতা যখন আলো জ্বালায়, আরেকটি তখন অন্ধকারে হোঁচট খায়)*

**৩.১: শুরুতেই প্রশ্ন — "Dark Ages" আসলে কী?**

ইতিহাসে "Dark Ages" শব্দটি আমরা অনেকেই শুনেছি, কিন্তু এটি কী ছিল?

**"Dark Ages"** বলতে বোঝায় ইউরোপের সেই সময়কাল — **৫ম থেকে ১০ম শতাব্দী,**
যখন রোমান সাম্রাজ্যের পতনের পর ইউরোপের জ্ঞানচর্চা, প্রযুক্তি, সাহিত্য, সংস্কৃতি, বিজ্ঞান সবই প্রায় স্তব্ধ হয়ে যায়।

এই সময়টিতে ইউরোপ ছিল—

- রাজনৈতিক বিশৃঙ্খলায় ভরা
- গির্জা–নির্ভর ধর্মীয় গোঁড়ামিতে আবদ্ধ
- বিজ্ঞান ও যুক্তিবাদের প্রতি ছিল চরম অবজ্ঞা
- সাধারণ মানুষের জ্ঞানপ্রাপ্তি ছিল নিষিদ্ধের মতো

---

**৩.২: চার্চ বনাম বিজ্ঞান — একটি সংঘাতের ইতিহাস**

"Dark Ages"-এর সময় ইউরোপের শিক্ষা প্রতিষ্ঠান বলতে ছিল গির্জা বা মঠ। সাধারণ মানুষ তো দূরের কথা, এমনকি রাজন্যবর্গেরাও মূলত ধর্মীয় শিক্ষক দ্বারা পরিচালিত হতো।

> " জ্যোতির্বিজ্ঞান মানে জ্যোতিষবিদ্যা, চিকিৎসা মানে প্রার্থনা,
> প্রশ্ন মানেই ঈশ্বরবিরোধিতা — এই ছিল ইউরোপের বুদ্ধিবৃত্তিক পরিবেশ। "

**বাস্তব উদাহরণ:**

| **বিষয়** | **ইউরোপে অবস্থান (৫ম–১০ম শতক)** |
|---|---|
| চিকিৎসা | "শয়তান প্রবেশ করেছে", তাই প্রার্থনার পরামর্শ |
| জ্যোতির্বিজ্ঞান | নিষিদ্ধ — পৃথিবী সূর্যের কেন্দ্র নয় বলা মানে ধর্মদ্রোহ |
| গণিত | অ-খ্রিষ্টান সংখ্যা ব্যবহারে সন্দেহ ও ভীতি |

| **বিষয়** | **ইউরোপে অবস্থান (৫ম–১০ম শতক)** |
|---|---|
| দার্শনিক ভাবনা | শুধুমাত্র বাইবেল ব্যাখ্যা, নতুন যুক্তি নিষিদ্ধ |

---

### ৩.৩: পুড়িয়ে দেওয়া, হত্যা, নির্যাতন

ইউরোপে **যে কেউ প্রশ্ন তুললে**, তাকে **"Heretic" (ধর্মদ্রোহী)** ঘোষণা করে, জীবন্ত পুড়িয়ে মারা হতো বা গির্জার কারাগারে নিক্ষেপ করা হতো।

**উদাহরণ:**

- **Giordano Bruno (1600)** – "অসংখ্য গ্রহ থাকতে পারে" বলায় রোমে পুড়িয়ে মারা হয়
- **Galileo Galilei** – "পৃথিবী সূর্যের চারদিকে ঘোরে" বলায় গৃহবন্দী
- **Hypatia of Alexandria (415 AD)** – একজন নারী গণিতবিদ ও দার্শনিক, ধর্মীয় জনতা তাকে পাথর ছুঁড়ে হত্যা করে, কারণ সে যুক্তিভিত্তিক দর্শন পড়াতো

### ৩.৪: বিশ্ববিদ্যালয় — কবে শুরু হয় ইউরোপে?

অধিকাংশ মানুষ জানে না, ইউরোপে প্রাচীন শিক্ষাব্যবস্থা **১০০০ বছর পর** শুরু হয় যখন তারা ইসলামিক ও ভারতীয় সভ্যতা থেকে জ্ঞান গ্রহণ শুরু করে।

| **বিশ্ববিদ্যালয়** | **দেশ** | **প্রতিষ্ঠা** | **মন্তব্য** |
|---|---|---|---|
| Bologna | ইতালি | ১০৮৮ | ইউরোপের প্রথম আধুনিক বিশ্ববিদ্যালয় |
| Oxford | ইংল্যান্ড | ১০৯৬ | তবুও ১২শ শতক পর্যন্ত তা গির্জা-নির্ভর |
| Cambridge | ইংল্যান্ড | ১২০৯ | ধর্মীয় শিক্ষার আধিপত্য ছিল |
| Paris (Sorbonne) | ফ্রান্স | ১১৫০ | বাইবেল ব্যাখ্যা কেন্দ্রীক ছিল মূলত |

---

### ৩.৫: ভারত, ইসলাম ও চীনের তুলনায় ইউরোপ কত পিছিয়ে ছিল?

যখন ইউরোপ এই বিশ্ববিদ্যালয় গড়তে শুরু করে (১১শ শতক), তখন **ভারতের নালন্দা, বিক্রমশীলা, ইসলামের Bayt al-Hikmah, গুন্দীশাপুর** — সবই কয়েকশ' বছর ধরে চলমান ও সমৃদ্ধ।

| **দিক** | **ভারত-ইসলাম-চীন** | **ইউরোপ** |
|---|---|---|
| বিশ্ববিদ্যালয় | ৫ম–৮ম শতকেই প্রতিষ্ঠিত | ১১শ–১২শ শতকে শুরু |
| চিকিৎসা | Surgery, Anatomy, Herbals, রোগ বিশ্লেষণ | তাবিজ, প্রার্থনা, Bleeding ইত্যাদি |

| দিক | ভারত-ইসলাম-চীন | ইউরোপ |
| --- | --- | --- |
| গণিত | শূন্যের ধারণা, Algebra, Geometry | গননার পদ্ধতি স্পষ্ট ছিল না |
| গ্রন্থাগার | হাজার হাজার পাণ্ডুলিপি (নালন্দা, বাগদাদ) | মঠের হাতে কয়েকটি বাইবেল |
| ভাষা | সংস্কৃত, আরবি, ফারসি, চীনা (শিক্ষাব্যবহৃত) | ল্যাটিন (গুটিকয়েক পুরোহিত জানতো) |

---

**৩.৬: ইউরোপ কিভাবে আলো পেল?**

আমরা অনেকেই জানি না—ইউরোপ তাদের "আলোকিত যুগ" (Enlightenment) পায় **ভারত ও মুসলিম সভ্যতার জ্ঞান অনুবাদ করে গ্রহণ করার মাধ্যমে।**

**Toledo Translation Movement (১২শ শতক):**

স্পেনের টলেডো শহরে খ্রিস্টান, মুসলিম ও ইহুদি অনুবাদকরা **আরবি থেকে ল্যাটিনে** জ্ঞান অনুবাদ করতে শুরু করে।

**অনূদিত বিষয়:**

- **Ibn Sina-র** Canon of Medicine → ৬০০ বছর ইউরোপে চিকিৎসার ভিত্তি
- **Al-Khwarizmi-র** Algebra → আধুনিক গণিতের জন্ম
- **Greek ও Indian works** → আরবদের মাধ্যমে ইউরোপে পৌঁছে

**৩.৭: ইতিহাস কারা লেখে?**

" ইউরোপ যে সময়টাকে "Dark Ages" বলে স্বীকার করেছে,
সেই সময়টাই ছিল উপমহাদেশ ও ইসলামি বিশ্বের **স্বর্ণযুগ।**
কিন্তু আমাদের ইতিহাস বইতে সেই আলো নেই — আছে কেবল ইউরোপের জাগরণের গল্প। "

আমরা কখনো শুনি না—

- বাংলাদেশের পাহাড়পুরের বিশ্ববিদ্যালয় সম্পর্কে
- ইবনে সিনার ৭০টি চিকিৎসা গ্রন্থের কথা
- কিংবা চীনের কাগজ ও কম্পাসের প্রভাব

আমরা শুধু জানি—**রেনেসাঁ, গ্যালিলিও, নিউটন, ডারউইন।**

---

**৩.৮: উপসংহার — ইতিহাসকে শুদ্ধ করা আমাদের দায়িত্ব**

ইতিহাস শুধুই অতীত নয় —এটি বর্তমানের আত্মবিশ্বাস, ভবিষ্যতের রূপরেখা । যখন ইউরোপ ছিল— পুস্তকহীন, প্রশ্নহীন, বিজ্ঞানহীন, তখন আমাদের এই উপমহাদেশ ছিল—বিজ্ঞানচর্চায় সমৃদ্ধ , বিশ্ববিদ্যালয়ে পূর্ণ , আন্তর্জাতিক ছাত্র-শিক্ষকে মুখর

আমরা যদি এই ইতিহাস জানি না, তাহলে আমরা কেবল **বিদেশমুখী প্রজন্ম** তৈরি করবো, যারা নিজেদের শেকড় ভুলে যাবে, যারা প্রশ্ন তুলবে না—"আমরা পিছিয়ে পড়লাম কেন?"

---

## অধ্যায় ৪
## ব্রিটিশ আগমন ও শিক্ষা ধ্বংসের প্রক্রিয়া

*(একটি সভ্যতা ধ্বংস হয়, যখন তার জ্ঞানকেন্দ্রগুলো নিভিয়ে দেওয়া হয়)*

### ৪.১: এক বর্ণিল সভ্যতায় ইউরোপের আগমন

১৮শ শতকের প্রথম ভাগে ইউরোপীয় শক্তিগুলো — বিশেষ করে ব্রিটিশ ইস্ট ইন্ডিয়া কোম্পানি — যখন ভারত উপমহাদেশে প্রবেশ করে, তখন এই অঞ্চলের সভ্যতা, সংস্কৃতি ও শিক্ষাব্যবস্থা ছিল অত্যন্ত সমৃদ্ধ।
যেমন:

- প্রাচীন বিশ্ববিদ্যালয়গুলোতে পড়ানো হতো—
  - **ধাতবকৌশল** (মেটালার্জি)
  - **পুরাকৌশল** (সিভিল ইঞ্জিনিয়ারিং)
  - **মৃত্তিকাবিদ্যা ও কৃষিবিজ্ঞান**
  - **স্থাপত্যবিদ্যা** (আর্কিটেকচার)
  - **চিকিৎসাবিজ্ঞান** (আয়ুর্বেদ, শল্যচিকিৎসা)

" এ এক আত্মনির্ভরশীল শিক্ষাব্যবস্থা — যেখানে ছাত্র তৈরি হতো প্রযুক্তি, চিকিৎসা ও দর্শনে দক্ষ হয়ে "

---

### ৪.২: ব্রিটিশদের প্রথম লক্ষ্য — ব্যবসা নয়, নিয়ন্ত্রণ

ব্রিটিশরা প্রথমে এল "ব্যবসার সুযোগ" খুঁজতে,
কিন্তু তারা দ্রুতই বুঝে গেল — এই উপমহাদেশে কেবল **পণ্য নয়, জ্ঞানও রয়েছে সম্পদ হিসেবে।**

সেই কারণে তারা ধাপে ধাপে চালু করলো:

1. **রাজনৈতিক নিয়ন্ত্রণ**
2. **আর্থিক শোষণ**
3. **শিক্ষা কাঠামোর ধ্বংস**

**তারা জানতো:**

“ যদি এই অঞ্চলের জ্ঞানভাণ্ডার না ধ্বংস করি, তাহলে এদের শাসন করা যাবে না ”

---

**৪.৩: প্রাচীন বিশ্ববিদ্যালয়গুলোর বিলুপ্তি**

১৮শ শতকের মাঝামাঝি থেকে ব্রিটিশরা সুপরিকল্পিতভাবে ধ্বংস করতে শুরু করে:

| বিশ্ববিদ্যালয় | ধ্বংসের কারণ ও সময় |
|---|---|
| নালন্দা | ১২০০-১২৫০ সালের মধ্যেই ধ্বংস (তবে পরে পুরোপুরি বিলুপ্তিতে ব্রিটিশ নিষ্ক্রিয়) |
| বিক্রমশীলা | ধ্বংস করে দেওয়া হয় মুসলিম আক্রমণেই; পুনর্নির্মাণে কোনো উদ্যোগ নেই |
| সোমপুর মহাবিহার | ধ্বংসের পরে ব্রিটিশরা এটিকে "স্থাপত্য নিদর্শন" বলেই সীমাবদ্ধ রাখে |

কামরূপ বা আসাম অঞ্চলের আখড়া বহু আখড়া ও গুরুঘর ব্রিটিশ আমলে অকার্যকর করে দেওয়া হয়

---

**৪.৪: শিক্ষার কলোনিয়াল রূপান্তর**

১৮৩৫ সালে **লর্ড ম্যাকলে** তার বিখ্যাত "Minute on Indian Education" -এ বলেন:

“ We must create a class of persons Indian in blood and colour, but English in taste, in opinions, in morals, and in intellect. ”

অর্থাৎ তারা এমন এক শ্রেণি তৈরি করতে চায় যারা **"দেখতে ভারতীয়, কিন্তু চিন্তায় ব্রিটিশ"** ।

---

**৪.৫: প্রকৌশল ও বিজ্ঞান বাদ, ভাষা ও শাসনভাষা প্রবেশ**

**ব্রিটিশরা শিক্ষাব্যবস্থায় ঢোকায়—**

- ইংরেজি, ফরাসি, সংস্কৃত, উর্দু, হিব্রু ভাষা
- বাংলা সাহিত্য (যা খুব গুরুত্বপূর্ণ, তবে সময়-উপযোগী না করে আচারিক করে তোলা হয়)
- দর্শন, রাষ্ট্রবিজ্ঞান, ইতিহাস — সব ইউরোপকেন্দ্রিক দৃষ্টিভঙ্গিতে

**বাদ পড়ে—**

- প্রকৌশল
- চিকিৎসা
- ধাতুবিদ্যা
- স্থাপত্য
- কৃষিবিজ্ঞান

“ এইভাবে তারা আমাদের প্রকৌশল প্রতিভা ও স্বশিক্ষিত চিকিৎসকদের সম্পূর্ণ অকার্যকর করে তোলে ”

---

**৪.৬: আদিবাসী ও আদি জনগোষ্ঠীর স্থানচ্যুতি**

আপনার উল্লেখ অনুসারে, **আদি শিক্ষিত জনগোষ্ঠীর একটি বড় অংশ**
উপমহাদেশের উপকূল, পাহাড় ও সীমান্ত অঞ্চলে সরে যায়।
বিশেষ করে:

- **ত্রিপুরা অঞ্চল** হয়ে **মিজোরাম, মণিপুর, মিয়ানমার** পর্যন্ত বিস্তৃত হয়
- **চাকমা, মারমা, খুমি, রাকাইন** ও অন্যান্য গোষ্ঠী এই সরে যাওয়া জনপদের অংশ
- তারা পূর্বে উচ্চশিক্ষিত, প্রকৌশলী, কারিগর শ্রেণিতে ছিল
- অনেকেই পেশা পাল্টে কৃষিকাজে বা ক্ষুদ্র ব্যবসায় চলে যায়

---

**৪.৭: বিশ্ববিদ্যালয় পুনর্গঠন, কিন্তু উদ্দেশ্য আলাদা**

**ঢাকা বিশ্ববিদ্যালয় (১৯২১), কলকাতা বিশ্ববিদ্যালয় (১৮৫৭)**

- খোলা হয় প্রশাসনিক কর্মচারী তৈরি করার উদ্দেশ্যে
- **Engineering & Medical** শিক্ষাকে আলাদাভাবে গড়ে তোলা হয় পরে, সীমিত পরিসরে
- এই বিশ্ববিদ্যালয়ে মূলত তৈরি হতো—
  **"Clerk Class"**, যারা ব্রিটিশদের কাজ বুঝে নেয়

---

**৪.৮: ভবিষ্যতের জন্য শিক্ষা হ্রাসের ছায়া**

এই শাসন পদ্ধতির ফলে—

- আমাদের বিজ্ঞান-প্রযুক্তির উত্তরাধিকার ভেঙে যায়
- কারিগরি ও বাস্তবমুখী শিক্ষা কমে যায়
- শুধু তাত্ত্বিক বিষয়গুলো বাড়তে থাকে
- আজও আমরা তাই দেখি, অনেক বিশ্ববিদ্যালয়ে—
    - বাংলা, ইংরেজি, সংস্কৃত, রাষ্ট্রবিজ্ঞান পড়ানো হয়
    - কিন্তু বাস্তব-উপযোগী গবেষণা নেই
    - গবেষণা কম, অনুলিপি বেশি

---

**৪.৯: উপসংহার — শিক্ষা ধ্বংস মানেই জাতি ধ্বংস**

ব্রিটিশরা বন্দুক নিয়ে এলো না,
তারা **কলম দিয়ে মন ও চিন্তা দখল করলো।**

তারা জানতো—

**“** যে জাতির শিক্ষা নিয়ন্ত্রণ করা যায়, তাকে দাস বানানো সবচেয়ে সহজ **”**

আজ যদি আমাদের প্রকৌশলী, গবেষক, চিকিৎসকরা
বিদেশে চলে যায় (Brain Drain),
তাহলে সেটাও এক নবতর উপনিবেশ।
এবং তার গোড়ার বীজ রোপণ করেছিল এই ব্রিটিশ শিক্ষানীতিই।

---

**অধ্যায় ৫**

**উপমহাদেশের বিশ্ববিদ্যালয় ধ্বংসকাহিনী: নালন্দা, বিক্রমশীলা, গৌড় বিশ্ববিদ্যালয় ইত্যাদি**

*(যেখানে একসময় গড়ে উঠেছিল জ্ঞান-বিজ্ঞানের আলোকস্তম্ভ, সেগুলো আজ শুধুই ধ্বংসস্তূপ)*

**৫.১: শুরুতেই একটি প্রশ্ন...**

আমরা যদি প্রশ্ন করি—
বিশ্বের প্রথম বিশ্ববিদ্যালয় কোথায়?
বা, কোন অঞ্চলে একসময় হাজার হাজার শিক্ষার্থী এবং শত শত পণ্ডিত একসাথে বসে প্রকৌশল, চিকিৎসা, দর্শন ও গণিত শিখতো?

সোজা উত্তর আসবে না।

কারণ আমাদের বইগুলোতে বলা হয়— হার্ভার্ড, অক্সফোর্ড, কেমব্রিজ, সোরবোন ইত্যাদি।
কিন্তু আমরা ভুলে গেছি, সেইসব সময়ে, **যখন ইউরোপ অন্ধকারে ডুবে ছিল,**
তখন এই ভারত উপমহাদেশেই গড়ে উঠেছিল:

- নালন্দা বিশ্ববিদ্যালয় (Nalanda University)
- বিক্রমশীলা বিশ্ববিদ্যালয় (Vikramashila University)
- গৌড় বিশ্ববিদ্যালয় (Gauda Mahavihara)
- সোমপুর মহাবিহার (Somapura Mahavihara)

এগুলো ছিল আধুনিক বিশ্ববিদ্যালয় ধারণার **সহজাত রূপ** — গবেষণাধর্মী, আঞ্চলিক-আন্তর্জাতিক ছাত্রসমাগমপূর্ণ, এবং প্রয়োগভিত্তিক শিক্ষা কেন্দ্র।

---

**৫.২: নালন্দা বিশ্ববিদ্যালয় – পৃথিবীর প্রথম আবাসিক বিশ্ববিদ্যালয়**

📍 **অবস্থান:**

রাজগীর, বিহার, ভারত

⏳ **প্রতিষ্ঠা:**

৫ম শতক, গুপ্ত সাম্রাজ্যের কুমারগুপ্তের শাসনকালে

🎓 **কী পড়ানো হতো?**

- গণিত, জ্যোতির্বিজ্ঞান
- চিকিৎসা ও আয়ুর্বেদ
- যুক্তিবিদ্যা ও দর্শন
- স্থাপত্য ও প্রকৌশলবিদ্যা
- ধর্মতত্ত্ব (বৌদ্ধ, হিন্দু, জৈন)

**আন্তর্জাতিকতা:**

- তিব্বত, চীন, জাপান, ইন্দোনেশিয়া, শ্রীলঙ্কা থেকে ছাত্ররা আসতো
- চীনের ভিক্ষু **হিউয়েন সাং** (Xuanzang) এখানে পড়েছেন ও পড়িয়েছেন

**ধ্বংসের ইতিহাস:**

- ১২০০ সালে বখতিয়ার খিলজির তুর্কি বাহিনী গ্রন্থাগার জ্বালিয়ে দেয়
- **৯০ লক্ষেরও বেশি পাণ্ডুলিপি পুড়ে যায়**
- বলা হয়, **তিন মাস ধরে আগুন জ্বলেছিল**

" এই গ্রন্থাগারে যে জ্ঞান পুড়লো, তার তুল্য কিছু নেই পৃথিবীর ইতিহাসে "

---

**৫.৩: বিক্রমশীলা বিশ্ববিদ্যালয় – নালন্দার সমান্তরাল প্রতিষ্ঠান**

**অবস্থান:**

ভাগলপুর, বিহার, গঙ্গার তীরে

**প্রতিষ্ঠা:**

৮ম শতকে পাল রাজা ধর্মপালের আমলে

**বিষয়:**

- ধর্মতত্ত্ব (তন্ত্র, মহাযান বৌদ্ধধর্ম)
- যুক্তিবিদ্যা ও নীতিশাস্ত্র
- স্থাপত্যবিদ্যা
- কৃষি ও পশুচিকিৎসা
- আয়ুর্বেদ

**ছাত্রসংখ্যা:**

৮০০০ ছাত্র, ১০০০ শিক্ষক (প্রমাণিত তথ্য অনুযায়ী)

**ধ্বংস:**

- প্রথমে মুসলিম আক্রমণে ধ্বংস
- ব্রিটিশ আমলে পুনরুদ্ধার বা সংরক্ষণের কোনো চেষ্টাই করা হয়নি

---

**৫.৪: গৌড় বিশ্ববিদ্যালয় – একটি বিস্মৃত শিক্ষাকেন্দ্র**

**অবস্থান:**

গৌড় (বর্তমান রাজশাহী–মালদহ সীমান্ত), বাংলাদেশ–ভারত

**ইতিহাস:**

- পাল ও সেন যুগে গৌড় ছিল উপমহাদেশের রাজনৈতিক ও সাংস্কৃতিক কেন্দ্র
- এখানে বহু **আখড়া, মঠ, তীর্থ** ও **পাঠশালা** ছিল
- কথিত আছে, গৌড়েও একটি **"গুরুতর মহাবিহার"** ছিল যেখানে উচ্চতর গণিত ও ধাতুবিদ্যা পড়ানো হতো

**প্রমাণ:**

- আজ গৌড় এলাকায় পাওয়া বিভিন্ন শিলালিপি ও স্থাপত্যাংশ এই অনুমানকে ভিত্তি দেয়
- **গৌড় রাজবংশ** কৌশলগত উন্নয়নের জন্য কারিগরি ও প্রকৌশল শিক্ষায় বিশেষ গুরুত্ব দিত

---

**৫.৫: সোমপুর মহাবিহার – বাংলাদেশের হারিয়ে যাওয়া জ্ঞানমন্দির**

**অবস্থান:**

পাহাড়পুর, নওগাঁ, বাংলাদেশ

**প্রতিষ্ঠা:**

৮ম শতকে, ধর্মপালের শাসনামলে

**বিষয়:**

- ধাতুবিদ্যা ও অস্ত্রনির্মাণ
- আয়ুর্বেদ ও শল্যচিকিৎসা
- জলপ্রকৌশল ও জলাধার নির্মাণ

- ভাষা, ধর্ম ও দর্শন

**বৈশ্বিক গুরুত্ব:**

- ইউনেস্কো কর্তৃক **World Heritage Site** ঘোষণা
- চীন, মালয়েশিয়া, তিব্বত থেকে ছাত্ররা আসতো
- কিছু পাণ্ডুলিপি আজও **ফ্রান্স ও ব্রিটিশ মিউজিয়ামে সংরক্ষিত**

**পতন:**

- মুসলিম আক্রমণে ক্ষতিগ্রস্ত
- পরে ব্রিটিশ আমলে একে শুধু "স্থাপত্য নিদর্শন" হিসেবে বিবেচনা করা হয়
- পুনরায় শিক্ষা কেন্দ্র হিসেবে গড়ে তোলার কোন পরিকল্পনাই নেওয়া হয়নি

---

**৫.৬: বিশ্ববিদ্যালয়গুলো ধ্বংস করার উদ্দেশ্য কী ছিল?**

এই ধ্বংস কেবল আক্রমণ নয়,
**এটি ছিল একটি সুপরিকল্পিত "বৌদ্ধিক সাম্রাজ্যবাদ"** ।

**কারণ:**

- এই বিশ্ববিদ্যালয়গুলো **সচেতন ও যুক্তিবাদী নাগরিক** তৈরি করতো
- যারা **উপনিবেশবাদকে চ্যালেঞ্জ** করতে পারতো
- ধ্বংসের মাধ্যমে তারা **চিন্তা ও গবেষণার শেকড় কেটে** দিতে চেয়েছিল

---

**৫.৭: ব্রিটিশ শাসন ও "জ্ঞান-চুরি"**

**কীভাবে লুণ্ঠন করলো?**

- গ্রন্থাবলি ও পাণ্ডুলিপি নিয়ে যাওয়া হয় লন্ডন, প্যারিস, ভ্যাটিকান লাইব্রেরিতে
- কিছু বিজ্ঞানপদ্ধতি ও চিকিৎসাবিদ্যার **অনুবাদ করে নিজেদের নামে ছাপা** হয়
- অনেক **আদিবাসী পণ্ডিত ও কারিগর** ইউরোপে নিয়ে যাওয়া হয়

**৫.৮: এই ধ্বংসের প্রভাব আমাদের উপর কী পড়ে?**

- আমরা আমাদের **পূর্বপুরুষদের জ্ঞানভাণ্ডার** জানি না
- বিশ্ববিদ্যালয় মানেই এখন **বলা যায়: ইংরেজি-মাধ্যমের মুখস্থনির্ভরতা**
- প্রকৌশল, গবেষণা, প্রযুক্তি—সবই এসেছে **বিদেশ থেকে ধার করা সিলেবাসে**

" অথচ, এই ভূমিতেই এক সময় বিশ্বকে শিক্ষার আলো দেখানো হতো "

---

**৫.৯: উপসংহার — জ্ঞান হারালে জাতিও হারায়**

এই অধ্যায়টি লিখতে গিয়ে আমি বারবার ভাবি—
কীভাবে এমন এক অঞ্চল, যেখানে একদিন বিশ্ব জ্ঞানচর্চা করতো,
আজ সেই অঞ্চলে গবেষণা নেই, প্রশ্ন নেই, জিজ্ঞাসা নেই।

আমরা যদি নিজের ইতিহাস না জানি,
তাহলে আমরা কেবল অন্যের তৈরি করা ভবিষ্যতের যাত্রী হয়ে থাকবো।

---

**অধ্যায় ৬**
**আমি যা দেখেছি: কলকাতা থেকে আগরতলা, শিলিগুড়ি থেকে দিল্লি — এক অনুসন্ধানীর পদচিহ্ন**

**৬.১: অধ্যায়ের সূচনা**

২০২১ সালে আমি যখন এই অনুসন্ধান শুরু করি, তখন আমি শুধু তথ্য খুঁজছিলাম না,
আমি খুঁজছিলাম প্রমাণ—সেই সত্য, যা বইয়ের পাতা কিংবা সরকারি নথিতে লেখা নেই,
কিন্তু মাটি, দেয়াল, খোদাই, সংগ্রহশালা, বা মানুষের স্মৃতিতে লুকিয়ে আছে।

আমার যাত্রা শুরু হয় পশ্চিম দিক থেকে—**কলকাতা, বিহার, শিলিগুড়ি ও দিল্লি।**
এরপর ২০২৩ সালের শেষ এবং ২০২৪ সালের শুরুতে আমি পাড়ি জমাই পূর্বাঞ্চলে—**আগরতলা, ত্রিপুরা ও আসাম।**

---

**৬.২: কলকাতা — উপনিবেশের সংস্করণ বনাম গোপন ইতিহাস**

**স্থান: ভিক্টোরিয়া মেমোরিয়াল, ইন্ডিয়ান মিউজিয়াম**

**সময়: মার্চ ২০২২**

কলকাতা ভ্রমণ ছিল আমার গবেষণার প্রধান ভিত্তি।
আমি প্রথমে যাই **ভিক্টোরিয়া মেমোরিয়াল**-এ, যার গ্যালারিগুলোতে উপনিবেশিক শাসনের আত্মপ্রশংসা লক্ষ করলেও, আমি খুঁজছিলাম—**কী ছিল ব্রিটিশদের আগমনের আগে?**

**গভীর পর্যবেক্ষণ:**

- বাঙালি সমাজ সংস্কারকদের একটি গ্যালারিতে শুধু আধুনিক ইংরেজি শিক্ষার প্রভাবকে প্রচার করা হয়েছে।
- কিন্তু **ধর্মপাল, বুদ্ধদেব, চরক, সুশ্রুত**—এই নামগুলো কোথাও নেই।
  অথচ তারা আমাদের প্রকৌশল, চিকিৎসা ও জ্ঞানবিজ্ঞান গঠনের মূল স্তম্ভ।

**ইন্ডিয়ান মিউজিয়াম (চৌরঙ্গী রোড):**

- এখানে পাওয়া **গুপ্ত ও পাল যুগের ধাতব মূর্তি ও হস্তলিপি**, যাতে মেডিসিন, জ্যোতির্বিদ্যা, এবং কারিগরি শিক্ষার চিহ্ন ছিল।
- বিশেষ করে, একটি **৮ম শতাব্দীর ব্রোঞ্জে খোদাই করা 'যোগশাস্ত্র ও নাড়ি তত্ত্ব'**, যা সুশ্রুত সংহিতার অস্তিত্বের প্রমাণ বহন করে।

আমি সংগ্রহ করি একটি ক্যাটালগ পৃষ্ঠা, যাতে উল্লেখ ছিল:

"Caraka and Susruta: Early foundations of medical science in Bengal (c. 6th–9th century CE) – Museum No. 116-29/B/23"

---

**৬.৩: বিহার — বিক্রমশীলা ও নালন্দা, জ্ঞানের ধ্বংসাবশেষ**

**স্থান: বিক্রমশীলা মহাবিহার, ভাগলপুর**

**সময়: জুলাই ২০২২**

আমি ব্যক্তিগতভাবে বিহারে যাই শুধু **বিক্রমশীলা বিশ্ববিদ্যালয়ের ধ্বংসাবশেষ** দেখতে।
বাংলার ধর্মপাল রাজা কর্তৃক প্রতিষ্ঠিত এই প্রতিষ্ঠান ছিল তৎকালীন বিশ্বের বৃহত্তম গবেষণা কেন্দ্রগুলোর একটি।

**যা দেখেছি:**

- ধ্বংসাবশেষে ১২০টিরও বেশি কক্ষবিশিষ্ট অধ্যয়নকেন্দ্র ছিল।
- কেন্দ্রস্থলে ছিল **গবেষণা মন্দির** ও "তন্ত্রবিদ্যা" পঠনপাঠনের ধ্বংসপ্রাপ্ত উপাসনাগৃহ।

- ASI (Archaeological Survey of India)-র খননে পাওয়া **মহাকর্ষ, চিকিৎসা, ধাতববিদ্যা ও ভাষাতত্ত্ব** বিষয়ক দলিলের টুকরো এখন সংরক্ষিত।

**বিশেষ প্রাপ্তি:**
ASI-এর একটি তথ্য ফলকে লেখা:

"Evidence of metallurgical instructions and medicinal formulation manuscripts retrieved from central chamber"

---

**৬.৪: শিলিগুড়ি — সংযোগ পথ ও হারিয়ে যাওয়া ইতিহাস**

**স্থান: নিউ জলপাইগুড়ি স্টেশন, শিলিগুড়ি**

**সময়: নভেম্বর ২০২৩**

কলকাতা ও বিহার ভ্রমণের পর আমি শিলিগুড়িতে গিয়েছিলাম ট্রানজিট হিসেবে।
কিন্তু এখানেই ঘটে আমার অনুসন্ধান জীবনের সবচেয়ে কষ্টের ঘটনা।

এক ব্যাগে ছিল:

- কলকাতা, বিহার, এবং ASI-এর স্ক্যানকৃত কপি
- হাতে লেখা অনেক নোট, যেগুলো বই পড়ে ও মিউজিয়ামে বসে সংগ্রহ করেছিলাম
- কিছু প্রাচীন পাণ্ডুলিপির ছবি ও অনুমতিসহ নেওয়া সংগ্রহ

নিউ জলপাইগুড়ি স্টেশনে ব্যাগটি হারিয়ে যায়—ভিড়ের মধ্যে ট্রেনে ওঠার সময়।
তৎক্ষণাৎ অভিযোগ দায়ের করলেও, ব্যাগ আর ফেরত আসেনি।

আমি সেইদিন আমার লেখা ডায়েরির একটি লাইন আজও মনে রেখেছি—
"যখন প্রমাণ হারিয়ে যায়, তখন শুধু স্মৃতি বাঁচে; আর সেই স্মৃতি দিয়ে আমাকে ইতিহাস লিখতে হবে।"

---

**৬.৫: দিল্লি — জাতীয় মিউজিয়ামে সংরক্ষণের রাজনীতি**

**স্থান: National Museum, Janpath, Delhi**

**সময়: ডিসেম্বর ২০২৩**

দিল্লিতে গিয়ে আমি লক্ষ্য করলাম, এখানে আমাদের প্রাচীন ইতিহাসকে "ভদ্রভাবে ছোট করে দেখানো" হয়েছে।
বিশেষ করে ব্রিটিশ আগমনের পূর্ব ইতিহাসকে যেন সচেতনভাবে উপেক্ষা করা হয়েছে।

যা আমি মিউজিয়ামে দেখেছি:

- "Indian Education Through the Ages" নামের গ্যালারিতে নালন্দা–বিক্রমশীলার আলোচনা মাত্র ২টি ফ্রেমে।
- অথচ ইস্ট ইন্ডিয়া কোম্পানির শিক্ষা সংস্কার ও ম্যাকলে মিনিটের জন্য পূর্ণ গ্যালারি বরাদ্দ।

একটি শিলালিপি ফ্রেমে ছিল:

"Nalanda was among the earliest organized educational institutions, declined during Turkish invasions."

— কিন্তু সেখানে একবারও বলা হয়নি *কী* পড়ানো হতো, কাদের দ্বারা, কোন স্তরে!

আমি মিউজিয়ামের আর্কাইভ বিভাগ থেকে "Nalanda Excavation Reports (1905–1930)" এর একটি অনুলিপি সংগ্রহ করতে পারি, যেখানে বলা হয়েছে:

"Evidence of structured instruction in physics, astronomy, anatomy, surgery, metallurgy, and architecture."

---

**৬.৬: ত্রিপুরা ও আগরতলা — প্রাচীন সীমান্তের অম্লান ইতিহাস**

**স্থান: উজ্জয়ন্ত রাজবাড়ি, ত্রিপুরা মিউজিয়াম**

**সময়: জানুয়ারি ২০২৪**

পশ্চিম ভারতে গবেষণার পর আমি এগিয়ে যাই **ত্রিপুরা**—প্রাচীন বাংলার প্রান্তসীমা,
যেখানে আজও বহুবছরের পুরনো সংস্কৃতি ও ধর্ম-জ্ঞান চর্চার চিহ্ন রয়ে গেছে।

ত্রিপুরা মিউজিয়ামে আমি যেগুলো খুঁজে পাই:

- **সিদ্ধাচার্যদের** শিলালিপি (প্রাক-চৈনিক তন্ত্রচর্চা ও ধ্যানশাস্ত্র)
- "*Tripuri Rajbansher Lekha*" নামে একটি সংগ্রহে প্রাচীন গুরুকুল ও পাঠশালার উল্লেখ
- কিছু পাণ্ডুলিপি (আবহাওয়া পর্যবেক্ষণ, শস্যচক্র নির্ধারণে জ্যোতির্বিদ্যা ব্যবহার)

আমি সংগ্রহ করি:

- "Tripura State Gazetteer" এর একটি অধ্যায়, যেখানে ত্রিপুরা অঞ্চলে "Prachin Bidya Sadan" নামে শাস্ত্রবিদ্যা ও কৌশলশিক্ষার ঐতিহাসিক স্থান চিহ্নিত করা হয়েছে।

---

**৬.৭: আসাম — গৌড়-কামরূপ যোগসূত্র**

**স্থান: গুয়াহাটি মিউজিয়াম**

**সময়: ফেব্রুয়ারি ২০২৪**

আসামে এসে আমি জানলাম—কমরূপ অঞ্চল একসময় গৌড় সাম্রাজ্যের অংশ ছিল।
এখানে চিকিৎসা, স্নায়ুবিদ্যা (তন্ত্র), ও ভবিষ্যৎ চর্চা নিয়ে গবেষণার চিহ্ন পাওয়া যায়।

গুয়াহাটি মিউজিয়ামে:

- "Tantra Corner" –এ প্রাচীন তাম্রলিপি, যাতে স্নায়ুবিজ্ঞান ও যোগ-চিকিৎসার কথা বলা হয়েছে
- "Kamakhya Temple Archives" -এ পাওয়া যায় "Nadi Vigyan" ভিত্তিক চিকিৎসা নির্দেশ
- "Kamarupa Education Scrolls" নামে একটি অংশে গৌড়-ত্রিপুরা-আসাম সংযুক্ত জ্ঞানচর্চার দলিল

---

**৬.৮: অধ্যায়ের উপসংহার**

আমার এই ভ্রমণ শুধু চোখে দেখা ইতিহাস নয়,
এটি হৃদয়ে গেঁথে থাকা একটি জাতীয় উপলব্ধির অন্বেষণ।

" আমরা আজ পিছিয়ে রয়েছি—এই বাক্যটা সত্য নয়।
বরং সত্য হলো—**আমরা আগে অনেক এগিয়ে ছিলাম, কিন্তু ভুলে গেছি সেই পথ।** "

কলকাতা থেকে দিল্লি, শিলিগুড়ি থেকে আগরতলা, বিহার থেকে আসাম—
আমি যা দেখেছি, তা শুধু ইট-পাথরের ধ্বংস নয়:
বরং আমি দেখেছি—**একটি জাতি কীভাবে হারায় তার শিক্ষা, তার জ্ঞান, তার আত্মপরিচয়।**

---

**অধ্যায় ৭**
**হারানো প্রতিভার হাহাকার: ব্রেইন ড্রেন**

**৭.১: ভূমিকা**

আমি যখন আমার অনুসন্ধানী ভ্রমণ শেষ করে বাংলাদেশে ফিরি, তখন একটি প্রশ্ন বারবার আমাকে কুরে কুরে খেতে থাকে—

" এতো ইতিহাস জানলাম, এতো প্রমাণ দেখলাম… কিন্তু এখন যারা সবচেয়ে মেধাবী, তারা কেন দেশে থাকে না? "

আমি নিজেও প্রকৌশল বিশ্ববিদ্যালয়ের ছাত্র ছিলাম।
সেখানকার প্রতিটি ব্যাচেই এমন ছাত্র দেখেছি, যারা গণিতে অলিম্পিয়াড চ্যাম্পিয়ন, কারিগরি দক্ষতায় পারদর্শী,
কিন্তু **পাস করেই চলে যায় বিদেশে**—ইউরোপ, আমেরিকা, কানাডা বা অস্ট্রেলিয়ার দিকে।
তাদের অনেকেই আর ফিরেও আসে না।

এটা কি শুধু উচ্চ আয় বা চাকরির জন্য?
না, এটি তার চেয়ে অনেক গভীর এক **মানসিক, কাঠামোগত ও রাষ্ট্রনীতিগত সমস্যা**—
যাকে আমরা বলি **"ব্রেইন ড্রেন"**, অর্থাৎ *মেধা-প্রবাহের অভিশাপ*।

---

### ৭.২: ব্রেইন ড্রেন: একটি পরিভাষা

**ব্রেইন ড্রেন** অর্থ—

একটি দেশের সবচেয়ে মেধাবী ও দক্ষ জনশক্তি অন্য কোনো উন্নত দেশে পাড়ি দেয়, সেখানে বসবাস ও কাজ করতে থাকে।

এই পরিভাষাটি প্রথম আলোচনায় আসে **১৯৬০ সালের ব্রিটেনে,**
যখন তারা অভিযোগ করছিল—**কানাডা ও আমেরিকা** তাদের গবেষক ও বিজ্ঞানীদের ছিনিয়ে নিচ্ছে।

কিন্তু আশ্চর্যের ব্যাপার—

আজ বাংলাদেশ, ভারত, পাকিস্তান, শ্রীলঙ্কার মতো উন্নয়নশীল দেশগুলোতে ঠিক একই চিত্র!
দেশের সেরা শিক্ষার্থী—বিশেষত প্রকৌশল, চিকিৎসা ও প্রযুক্তি বিভাগ থেকে যারা পাস করে, তারা **বিদেশে পাড়ি জমাচ্ছে।**

---

### ৭.৩: বাংলাদেশের বাস্তব চিত্র

**বিশ্ববিদ্যালয়:**

- প্রতি বছর BUET, DU, NSU, IBA, JU থেকে হাজার হাজার মেধাবী শিক্ষার্থী বিদেশে উচ্চশিক্ষার জন্য যায়।
- এর মধ্যে **৬০–৭০% শিক্ষার্থী ফিরে আসে না** — স্থায়ীভাবে সেটেল হয়ে যায়।

**কেন যায়?**

| কারণ | ব্যাখ্যা |
|---|---|
| গবেষণা সুবিধার অভাব | দেশে পর্যাপ্ত গবেষণা ফান্ড, ল্যাব, স্কলারশিপ নেই |
| শিক্ষা ও সম্মানহীনতা | শিক্ষকতা ও গবেষণা পেশার সামাজিক মর্যাদা কম |

| কারণ | ব্যাখ্যা |
|---|---|
| বেতন কাঠামোর দুর্বলতা | একজন ইঞ্জিনিয়ার বা বিজ্ঞানী দেশের চেয়ে বিদেশে ৫–১০ গুণ বেশি আয় করে |
| কর্পোরেট কালচারের সমস্যা | দেশীয় প্রতিষ্ঠানগুলোতে প্রফেশনাল পরিবেশ বা merit-based প্রমোশন নেই |
| বিদেশে অভিবাসনের সুযোগ | পড়তে গিয়ে কেউ কেউ ওয়াক পার্মিট, PR বা নাগরিকত্ব পেয়ে যায় |

---

### ৭.৪: পরিসংখ্যান ও তথ্য

- **BUET-এর ২০২২ সালের গ্র্যাজুয়েট ব্যাচ:**
    - প্রায় **৪৫% ছাত্র** পাশ করার ১ বছরের মধ্যেই বিদেশে।
    - ইউএস, জার্মানি, কানাডা, অস্ট্রেলিয়া – সবচেয়ে জনপ্রিয় গন্তব্য।
- **ঢাকা বিশ্ববিদ্যালয়ের গণিত ও পদার্থবিজ্ঞান বিভাগ:**
    - প্রায় **৬০% গবেষক** বিদেশে পড়াশোনা করতে গিয়ে রয়ে যান।
    - ভারতীয়দের মতো ফান্ডিং সুবিধা না পাওয়ায়, অনেকে সেখানে পোস্টডক বা স্কলার হিসেবে থেকে যান।

“ এভাবে একেক বছর দেশের সেরা ৫০০–১০০০ মেধাবী স্থায়ীভাবে হারিয়ে যাচ্ছে ”

---

### ৭.৫: ব্রেইন ড্রেনের প্রতিক্রিয়া

| ক্ষেত্র | প্রভাব |
|---|---|
| গবেষণা | দেশে মৌলিক গবেষণার অভাব, অনেক বিভাগে কোনো আন্তর্জাতিক জার্নাল নেই |
| প্রযুক্তি | দেশীয় প্রযুক্তি বা ইনোভেশনে গতি কম |
| মেডিকেল সেবা | গ্রাম বা শহরতলিতে চিকিৎসক সংকট |
| শিক্ষা | বিশ্ববিদ্যালয়ে মেধাবী শিক্ষক তৈরি হচ্ছে না |
| অর্থনীতি | Remittance আসছে বটে, কিন্তু সেই মানুষটির জ্ঞান দেশের কাজে লাগছে না |

---

**৭.৬ঃ ইতিহাসের তুলনায় এই দুর্দশা**

প্রাচীন ভারত বা ইসলামি সভ্যতার সময়,

শিক্ষার্থীরা বহু দূর থেকে **নালন্দা, বিক্রমশীলা, আল-আযহার, বাগদাদ, কোরডোভা, চীনের একাডেমিতে** পড়তে আসতো।

কিন্তু এখন?

এখানকার ছাত্ররাই নিজের দেশে থাকতে চায় না।
কারণ: *শিক্ষাকে মূল্যায়ন নেই, গবেষণার সহায়তা নেই, সম্মান নেই।*

এটা কেবল ব্যক্তি বা জাতীয় ক্ষতি না—

**"** এটা আমাদের ইতিহাসের ধারাবাহিকতা ভেঙে দেওয়ার মতো মারাত্মক বিপর্যয় **"**

---

**৭.৭ঃ ব্যক্তিগত বেদনাবোধ**

আমি নিজেও এই যাত্রার শুরু করেছিলাম এই কারণেই।
বুয়েটে পড়তে পড়তেই দেখেছি, আমার **সেরা সিনিয়র ভাইয়ারা** চলে গেছেন বিদেশে।
আমার **ঘনিষ্ঠ বন্ধুরা** GRE–IELTS দিয়ে প্যাকিং করছিল।
অনেককে বলতাম — *"দোস্ত, দেশে থেকে কিছু করবি না?"*
তারা বলতো — *"দেশে কী আছে বল?"*

**"** এই উত্তরটাই আমাকে কষ্ট দিয়েছিল, এবং ইতিহাস খোঁজার পথ দেখিয়েছিল **"**

---

**৭.৮ঃ উপসংহার**

"ব্রেইন ড্রেন"  কোনো সাধারণ সমস্যা নয়।
এটা একটি **জাতীয় ট্র্যাজেডি।**
আমরা শুধু মানুষ হারাই না,
আমরা হারাই **সম্ভাবনা, ভবিষ্যৎ, আত্মবিশ্বাস।**

এক সময় যে ভারত উপমহাদেশ ছিল বিশ্বশ্রেষ্ঠ জ্ঞানকেন্দ্র,
আজ সেই উপমহাদেশ **নিজের মেধা ধরে রাখতে পারে না।**

---

**অধ্যায় ৮**

## কেন ফিরছে না তারা?

*(বিদেশে থাকা মেধাবীদের না-ফেরার মানসিকতা ও দেশে থাকা মেধাবীদের দিক পরিবর্তনের ট্র্যাজেডি)*

### ৮.১: অধ্যায়ের সূচনা

"তারা ফিরছে না" —
এই ছোট্ট বাক্যটি বাংলাদেশের জন্য একটি **বুদ্ধিবৃত্তিক রক্তক্ষরণ**।
সর্বোচ্চ মেধা ও প্রতিভা আমাদের দেশ থেকে বেরিয়ে যাচ্ছে এবং আর ফিরছে না।
আর যারা দেশে থাকছে, তাদের অনেকেই তাদের প্রকৃত প্রতিভা অনুযায়ী পেশা বা অবদান রাখছে না।

" আমরা শুধু হারাচ্ছি না, আমরা **সঠিক পথে ব্যবহারও করতে পারছি না** আমাদের নিজের প্রতিভা। "

---

### ৮.২: যারা বিদেশে যায়, তারা কেন ফেরে না?

বিদেশে পড়তে যাওয়া কোনো সমস্যা নয়।
সমস্যা তখনই শুরু হয়, যখন **দেশে ফিরে আসার জন্য কাউকে আর আকর্ষণ করে না কিছুই।**

**মূল কারণগুলো:**

| **কারণ** | **ব্যাখ্যা** |
|---|---|
| গবেষণার সুযোগ নেই | বিদেশে একজন গবেষক বা স্কলার যেভাবে ফান্ড, ল্যাব, সহকারী ও প্রযুক্তি পায়, দেশে তা একেবারে অনুপস্থিত |
| সম্মান ও পরিবেশ | দেশে একজন ইঞ্জিনিয়ার, গবেষক বা শিক্ষককে ন্যূনতম সামাজিক ও অর্থনৈতিক সম্মানও দেওয়া হয় না |
| কর্মসংস্থান কাঠামো | দেশে Merit-based জব সিস্টেম নেই। নিয়োগে ঘুষ, পরিচিতি বা রাজনৈতিক প্রভাব বেশি |
| প্রতিষ্ঠান ও পলিসি | দীর্ঘমেয়াদি গবেষণা, ইনোভেশন বা ইনকিউবেশন কেন্দ্র নেই |
| Lifestyle gap | নিরাপত্তা, নাগরিক অধিকার, স্বাস্থ্যসেবা, ট্রাফিক, দূষণ—সব কিছু মিলে জীবনযাত্রার মান অনেক নিচে |
| পরিবার ও ভবিষ্যৎ | সন্তানদের ভবিষ্যৎ শিক্ষা ও নিরাপত্তা ভাবনায় অনেকে আর দেশে আসতে চায় না |

---

### ৮.৩: একটি বাস্তবচিত্র

**আমার ভর্তি কোচিংয়ে পড়াতেন এমন তিনজন বড়ভাই ছিলেন, যারা বুয়েট গ্র্যাজুয়েট—একজন গিয়েছিলেন কানাডা, একজন জার্মানি, আর একজন দেশে থেকে বিসিএস'কে বেছে নিয়েছিলেন।**
তিনজনেই প্রথম সারির ছাত্র ছিলেন।
এক দশক পরে, তারা আজ তিনটি ভিন্ন বাস্তবতায়।

- কানাডা প্রবাসী ভাই ইঞ্জিনিয়ারিং রিসার্চ করে বেতন পাচ্ছে $৭,০০০/মাস।
- জার্মানির ভাই টেক স্টার্টআপ খুলেছেন।
- আর যিনি দেশে ছিলেন, তিনি BCS দিয়ে **উপজেলা নির্বাহী অফিসার** হয়েছেন — কিন্তু প্রকৌশলী পরিচয়টা হারিয়ে গেছে।

---

### ৮.৪: যারা দেশে থাকেও, তারা কেন প্রকৌশল বা গবেষণা ছেড়ে দেয়?

এই অংশটা **সবচেয়ে বেদনাদায়ক।**
কারণ কেউ কেউ বিদেশে যায় না — কিন্তু **দেশেও প্রকৃত জায়গায় তাদের জায়গা হয় না।**

**আমরা কী দেখছি?**

| **ক্যাটাগরি** | **চিত্র** |
|---|---|
| ডাক্তার/ইঞ্জিনিয়ার | প্রাইভেট হাসপাতাল বা কোম্পানিতে গিয়ে ব্যর্থ হয়ে শেষে BCS-এ ঝুঁকে পড়ে |
| IBA/DU টপ গ্র্যাজুয়েট | ব্যাংক বা কর্পোরেট নয়, বরং প্রশাসন ক্যাডারকে লক্ষ্য করে বিসিএস |
| কম্পিউটার ইঞ্জিনিয়ার | দেশে ভালো রিসার্চ নাই, তাই কেউ কোডিং টিউশন বা অনলাইন মার্কেটে যায় |
| যারা পড়াতে চায় | বিশ্ববিদ্যালয়ে শিক্ষক হতে চাইলেও ঘুষ/দলীয় রাজনীতির কারণে হতাশ |

- ২০২৩ সালে BUET থেকে পাশকৃত অন্তত ৩৭ জন গ্র্যাজুয়েট BCS form fill-up করেছেন।
- ঢাকা বিশ্ববিদ্যালয়ে সমাজবিজ্ঞান ও আইন বিভাগের অনেকেই প্রথম চয়েজ PSC (Public Service Commission)।

" এ এক আশ্চর্য বাস্তবতা—যেখানে প্রকৌশল বা গবেষণার সর্বোচ্চ ডিগ্রি নিয়েও মানুষ হতে চায় "কাগজে-কলমে একজন প্রশাসনিক কর্মকর্তা"! "

---

### ৮.৫: এটি কেবল দৃষ্টিভঙ্গির বিষয় নয় — এটি একটি নীতির অভাব

যে রাষ্ট্র তার গবেষক, শিক্ষক, প্রকৌশলী বা বিজ্ঞানীকে মূল্যায়ন করে না,
সেখানে **রাষ্ট্রপ্রশাসনই হয়ে ওঠে একমাত্র মর্যাদার জায়গা।**
আর সেখানেই জন্ম নেয় এই ট্র্যাজেডি।

- ✅ কেন রাষ্ট্রপতির পদে কোনো বিজ্ঞানী নেই?
- ✅ কেন বাংলাদেশের কোনো বিশ্ববিদ্যালয়ের র‍্যাংকিং বিশ্বে নেই?
- ✅ কেন BUET বা DU-এর একজন টপ গ্র্যাজুয়েট, তার সেক্টরে কাজ করার পরিবর্তে, প্রশাসনে যেতে চায়?

এর কারণ—

" দেশে নেই **research-based policy**, নেই **education-based prestige**, নেই **knowledge-based economy** "

---

### ৮.৬: বিদেশের জ্ঞান দেশে কাজে লাগছে না

আমরা অনেকেই ভাবি—"বিদেশে তো যায়, রেমিট্যান্স পাঠায়!"
কিন্তু প্রশ্ন হচ্ছে—

" সেই মানুষটির **জ্ঞান ও মেধা** কী দেশের কাজে লাগছে? "

উত্তর: **না।**

- বিদেশি বিশ্ববিদ্যালয়ে কাজ করে সে জ্ঞান তৈরি করছে, যেটা অন্য দেশের উন্নয়নে ব্যবহৃত হচ্ছে।
- আমরা শুধু পাচ্ছি তার কিছু টাকা—কিন্তু পাচ্ছি না তার **অভিজ্ঞতা, গবেষণা, দক্ষতা, ইনোভেশন।**

এটি শুধু অর্থনৈতিক লস নয়, **জাতীয় জ্ঞানের ক্ষয়।**

---

### ৮.৭: আমার কিছু ব্যক্তিগত অভিজ্ঞতা

আমার এক সহপাঠী — BUET এর ইলেকট্রিক্যাল ডিপার্টমেন্টের ফার্স্ট বয় —
আজ জার্মানিতে গবেষণায় আছে। আমি বলেছিলাম—

"দোস্ত, দেশে কিছু করবি না?"

সে বলেছিল—

"তুই তো জানিস, দেশে ফিরে কাজ করতে গেলেই শুরু হয় 'ঘুষ দিবি নাকি পার্টি করবি?' এই প্রশ্ন।"

এই কথাগুলো শুনেই আমি স্থির করেছিলাম,

“ আমি শুধু প্রশ্ন করবো না, আমি ইতিহাস জানবো — কেন এমন হলো? ”

---

### ৮.৮: উপসংহার

"তারা কেন ফেরে না" —এই প্রশ্নের উত্তর খুঁজতে গেলে রাষ্ট্রের আত্মপরিচয়ের অভাব চোখে পড়ে।

“ কারণ আমরা মেধাকে স্বীকৃতি দিই না। বরং ঘুষ, দলীয়তা, গোঁড়ামি দিয়ে চালাই দেশ। ”
“ আর তাই, একজন প্রকৌশলী হয় অফিসার, আর একজন গবেষক হয় ব্যাংকের ম্যানেজার। ”

আমরা যদি সত্যিই চাই—

একজন BUET, IBA বা DU ছাত্র গবেষণায় থাকুক, দেশেই গবেষণাকেন্দ্র গড়ে তুলুক,
তাহলে রাষ্ট্রকেই বদলাতে হবে তার **নীতিগত অবকাঠামো, মূল্যায়ন কাঠামো এবং দৃষ্টিভঙ্গি।**

---

## অধ্যায় ৯
## করণীয়: একটি জ্ঞানভিত্তিক বাংলাদেশ গড়তে

### ৯.১: অধ্যায়ের প্রেক্ষাপট

আমার অনুসন্ধানী যাত্রা, ভ্রমণ, গবেষণা, এবং স্মৃতিময় সংগ্রহের মধ্য দিয়ে আমি একটিই প্রশ্ন নিয়ে বারবার ঘুরপাক খেয়েছি—

“ আমরা ইতিহাসে যখন জ্ঞানচর্চায় নেতৃত্ব দিয়েছি,
তখন আজ কেন পিছিয়ে পড়েছি?
কেন আমাদের সেরা সন্তানরা আর দেশে থাকতে চায় না? ”

এই অধ্যায়ে আমি বলবো, কীভাবে বাংলাদেশ আবার **জ্ঞানভিত্তিক সমাজ ও রাষ্ট্রে** পরিণত হতে পারে।
এটি শুধু **স্বপ্ন** না, এটি সম্ভব—শুধু দরকার **দূরদর্শিতা, সদিচ্ছা ও সঠিক পরিকল্পনা।**

---

### ৯.২: "জ্ঞানভিত্তিক বাংলাদেশ" বলতে কী বোঝায়?

“ এমন একটি রাষ্ট্র, যেখানে জ্ঞান, গবেষণা, বিজ্ঞান ও মানবকল্যাণকে সবচেয়ে বড় সম্পদ হিসেবে ধরা হবে। ”

একটি সত্যিকার জ্ঞানভিত্তিক রাষ্ট্রে—

- সিদ্ধান্ত হয় গবেষণাভিত্তিক তথ্যের উপর
- উন্নয়নের মাপকাঠি হয় শিক্ষার মান
- সমাজে সবচেয়ে সম্মানিত মানুষ হন শিক্ষক, বিজ্ঞানী ও গবেষক
- অর্থনীতি চালিত হয় **Innovation, Invention ও Knowledge Export** দ্বারা

---

**৯.৩: কীভাবে গড়ে তোলা সম্ভব?**

**১. একটি গবেষণানির্ভর শিক্ষা ও অর্থনীতি**

*গবেষণা বাজেট বাড়ানো:*

- জাতীয় বাজেটের অন্তত **২% গবেষণায় বরাদ্দ** দিতে হবে
- প্রতি বিশ্ববিদ্যালয়ে **গবেষণা ফান্ড ও ল্যাব সেন্টার** গড়ে তুলতে হবে
- বিদেশে থাকা গবেষকদের দেশে ফিরিয়ে আনার প্রণোদনা চালু করতে হবে

*Industry-Academia Partnership:*

- BUET–DU–RUET–NSU–IBA-সহ বিশ্ববিদ্যালয়গুলোর সাথে ব্যবসা ও প্রযুক্তি প্রতিষ্ঠানগুলোর সরাসরি সম্পর্ক গড়ে তুলতে হবে
- রিসার্চ হলে তা বাস্তবে রূপ দিতে হবে—শুধু পেপারে নয়, বাস্তব সমাজে প্রয়োগযোগ্য প্রযুক্তি, মেডিসিন, কৃষি উদ্ভাবন ইত্যাদি

---

**২. প্রাচীন শিক্ষা-ঐতিহ্য পুনরুদ্ধার**

*নালন্দা–সোমপুর–বিক্রমশীলা মডেল:*

- প্রাচীন বিশ্ববিদ্যালয়গুলোর শিক্ষা দর্শন ও পাঠক্রম পর্যালোচনা করে সেগুলো আধুনিকভাবে ফিরিয়ে আনা
- ধাতবকৌশল, পুরাকৌশল, স্থাপত্যবিদ্যা, চিকিৎসা—এই বিষয়গুলো নতুন করে পুনর্গঠন করা

*একটি আন্তর্জাতিক বিশ্ববিদ্যালয় গড়ে তোলা:*

- "Nalanda International Engineering & Philosophy University" –এর মতো একটি বিশ্বমানের প্রতিষ্ঠান বাংলাদেশে গড়ে তোলা যেতে পারে
- যেখানে প্রাচ্যের জ্ঞান ও পাশ্চাত্যের প্রযুক্তি একত্রে পাঠদান হবে

### ৩. প্রযুক্তি, উদ্ভাবন ও নবচিন্তার পৃষ্ঠপোষকতা

*Innovation Fund তৈরি:*

- প্রতিভাবান তরুণদের স্টার্টআপ, প্রযুক্তি উদ্ভাবন, বা গবেষণার জন্য রাষ্ট্রীয় অর্থ সহায়তা দিতে হবে
- এক ধরনের "Bangladesh Science Incubator" গড়ে তুলতে হবে

*প্রযুক্তি শহর গড়ে তোলা:*

- ভারতের "Hyderabad Cyberabad" বা "Bangalore Tech Valley" –এর আদলে **Rajshahi, Khulna বা Cumilla**–তে একটি নতুন প্রযুক্তিনগর গড়া যেতে পারে

---

### ৪. শিক্ষকের মর্যাদা ও গবেষকের সম্মান

*Merit-based বিশ্ববিদ্যালয় নিয়োগ:*

- রাজনীতি বা ঘুষ নয়—**যোগ্যতা ও গবেষণাকর্ম** ভিত্তিতে নিয়োগ দিতে হবে
- বিশ্ববিদ্যালয় শিক্ষকেরা যেন স্বাধীনভাবে গবেষণা করতে পারেন সেই পরিবেশ নিশ্চিত করতে হবে

*Researcher Ranking & Award System:*

- দেশের সব গবেষক, লেখক, শিক্ষককে রেটিং দিয়ে সম্মানিত ও মূল্যায়িত করা যেতে পারে

---

### ৫. প্রশাসন-নির্ভরতা থেকে শিক্ষা-নির্ভর সমাজে রূপান্তর

*BCS-centric মানসিকতা কমানো:*

- বর্তমান অবস্থা: দেশের সেরা শিক্ষার্থীরা বিসিএস পরীক্ষায় বছরের পর বছর সময় ব্যয় করছে
- করণীয়: একটি বিকল্প "Research Career Track" গড়ে তোলা—যেখানে গবেষক, শিক্ষক ও প্রকৌশলীরা পাবেন প্রশাসনিক চেয়ারের সমান সম্মান ও সুবিধা

*নিয়োগ কাঠামো পরিবর্তন:*

- বিশ্ববিদ্যালয় থেকে পাশ করা শিক্ষার্থীদের জন্য বিশেষ সরকারি স্কলারশিপ ও গবেষণা ভিত্তিক চাকরির পথ খুলে দিতে হবে

---

**৯.৪: বিশ্বের অন্যান্য দেশ কীভাবে এগিয়েছে?**

| দেশ | উদ্যোগ |
|---|---|
| চীন | "Project 985" ও "Double First-Class University Plan" |
| কোরিয়া | প্রতি PhD ছাত্রকে Startup Lab ও Government Funding |
| জার্মানি | প্রযুক্তি শিক্ষাকে বাধ্যতামূলক ও শিক্ষার্থীদের পুরস্কৃত |
| মালয়েশিয়া | বিজ্ঞান-ভিত্তিক শিক্ষা ও বিদেশি শিক্ষক-গবেষকদের আকর্ষণ |

---

**৯.৫: ব্যক্তিগত মতামত ও বাস্তবতা**

আমি বিশ্বাস করি,

" একটি রাষ্ট্র যখন তার শ্রেষ্ঠ সন্তানদের ধরে রাখে না, তখন সে তার ভবিষ্যৎকেই হারায়। "

আমার নিজের বিশ্ববিদ্যালয়জীবনে, হাজারো প্রতিভার মুখ দেখেছি যারা আজ অন্য দেশের জ্ঞানপুঞ্জের অংশ।
আমি জানি, **তারা ফিরতো, যদি দেশে ছিল সম্মান, সুযোগ ও স্থিতিশীলতা।**

আমরা যদি সত্যিই ইতিহাস থেকে শিক্ষা নিই, তবে আমাদের পথ একটি—

**"প্রশাসন নয়, গবেষণাই হোক জাতির শ্রেষ্ঠ মর্যাদা।"**

---

**৯.৬: উপসংহার**

আমরা এখন crossroads–এ দাঁড়িয়ে।

একদিকে প্রশাসননির্ভর, ফর্ম পূরণ-ভিত্তিক রাষ্ট্রব্যবস্থা,
অন্যদিকে গবেষণা, প্রযুক্তি ও নীতিশাস্ত্রনির্ভর এক জ্ঞানভিত্তিক রাষ্ট্র গড়ার সুযোগ।

আমরা কোন পথে যাব?

আমরা কি আরেকটি শতাব্দী পার করবো কেবল ফাইল টানাটানি আর মেধা পাচারে?

নাকি আমাদের পরবর্তী প্রজন্ম তৈরি হবে এমন একটি রাষ্ট্রে—
যেখানে একজন প্রকৌশলী, গবেষক, চিকিৎসক বা বিজ্ঞানী **দেশেই নিজের অবস্থান গড়ে তুলতে পারবে?**

## অধ্যায় ১০

## আমি হারাইনি, আমি লিখেছি

*(একটি ব্যক্তিগত পরিশিষ্ট, একটি ঐতিহাসিক সাক্ষ্য)*

### ১০.১: শুরুটা ছিল এক অস্থিরতা থেকে

২০২১ সালের এক দুপুরে আমি স্থির বসে থাকতে পারিনি।
আমার চোখে ভেসে উঠছিলো—
আমার সহপাঠীরা, যারা একে একে চলে যাচ্ছে বিদেশে, কেউ জার্মানি, কেউ কানাডা, কেউ আবার অস্ট্রেলিয়া বা আমেরিকায়।

আমি বুয়েটের ছাত্র ছিলাম—
আমার চারপাশে ছিল দেশের সেরা মেধাবী তরুণরা।
তাদের অনেকেই যেভাবে দেশ ছেড়ে চলে যাচ্ছিল,
তা শুধু ব্যক্তিগত পছন্দ না, বরং ছিল একটি **ব্যবস্থাগত ব্যর্থতার প্রতিচ্ছবি**।

আমি প্রশ্ন করতে শুরু করি—
**"কেন এদেশে কেউ থাকতে চায় না?"**
**"আমরা কি কখনো জ্ঞানচর্চার কেন্দ্র ছিলাম না?"**
**"ইতিহাস কি বলে?"**

এই প্রশ্নগুলোর উত্তর পেতেই আমি নামি এক দীর্ঘ, কষ্টকর, কিন্তু মহার্ঘ যাত্রায়।

---

### ১০.২: সেই যাত্রা—যা শুধু ভ্রমণ ছিল না, ছিল আত্মানুসন্ধান

**২০২২–২০২৩: পশ্চিম দিকের যাত্রা**

- আমি প্রথমে গিয়েছিলাম কলকাতা—ভিক্টোরিয়া মেমোরিয়াল, ভারতীয় জাদুঘর, প্রেসিডেন্সি কলেজ ঘুরেছি
- দিল্লিতে গিয়ে রাষ্ট্রীয় সংগ্রহশালা, জাতীয় আর্কাইভ, জামিয়া মিলিয়া বিশ্ববিদ্যালয়ের গবেষক দের সাথে কথা বলেছি
- বিহারে নালন্দা ও বিক্রমশীলা বিশ্ববিদ্যালয়ের ধ্বংসাবশেষ দেখে স্তব্ধ হয়ে গিয়েছিলাম—
  ধাতব প্রযুক্তির চিত্র, গহ্বর কক্ষ, আর গবেষণাগারের মতো কাঠামো দেখে মনে হচ্ছিলো:
  **আমরা কত বড় কিছু হারিয়েছি!**

**২০২৩-২০২৪: পূর্ব দিকের অনুসন্ধান**

- এরপর আমি গিয়েছিলাম আগরতলা—উজান্তা প্রাসাদে একেকটা ঘরে ঘুরেছি, যেখানে রাজাদের বই, চুক্তিপত্র, ভাস্কর্য, এবং পুরাকৌশলের নিদর্শন ছিল
- ত্রিপুরা মিউজিয়ামে দেখেছি উপমহাদেশের পূর্বাঞ্চলীয় বিশ্ববিদ্যালয় ও আদিবাসী বিদ্যাচর্চার ইতিহাস
- আসাম ও শিলিগুড়িতে গিয়ে সংগ্রহ করেছি হারিয়ে যাওয়া গোষ্ঠী ও প্রযুক্তি জ্ঞানের ছিন্ন পাণ্ডুলিপির ছায়া

এইসব জায়গা শুধু ইতিহাস নয়—
**এই ছিল আমার আত্মপরিচয় পুনরুদ্ধারের কেন্দ্র।**

---

### ১০.৩: আমি যা হারিয়েছি, তার তালিকা নেই

শিলিগুড়ির এক ট্রেনে আমার বহু কষ্টে জোগাড় করা নথি, ছবি, কিছু দুর্লভ বই ও নোট হারিয়ে যায়।
আমি যেন নিজের আত্মার এক অংশ হারালাম।
তবু আমি হারাইনি।
কারণ সেইসব জ্ঞান, সেইসব যন্ত্রণা আমার মনে ছিল, আমার কলমে ছিল।

“ আমি ফিরে এসেছি না ফেরার মতো, কারণ আমি ফিরেছি লেখা নিয়ে। ”

---

### ১০.৪: আমি যা লিখেছি

এই বইয়ের প্রতিটি অধ্যায়, প্রতিটি তথ্য,
আমি খুঁজেছি লাইব্রেরিতে,
আর্কাইভে, মিউজিয়ামে, প্রাচীন দেওয়ালের গায়ে খোদাই লেখায়,
রেল স্টেশনের চায়ের দোকানে কোনো মুরব্বির মুখে শোনা কথায়।

আমি নিজ চোখে দেখেছি—

- **ভারত উপমহাদেশের প্রাচীন বিশ্ববিদ্যালয়গুলো কেমন ছিল**
- **ইউরোপ যখন অন্ধকারে ছিল, আমরা কিভাবে আলো ছড়িয়েছিলাম**
- **ব্রিটিশ কিভাবে পরিকল্পিতভাবে আমাদের শিক্ষা পদ্ধতি ধ্বংস করেছে**
- **দেশের শিক্ষিতরা আজ কেমন করে প্রশাসনের চাকরিতে গিয়ে নিজেদের প্রকৌশলী, গবেষক বা চিকিৎসক পরিচয় হারাচ্ছে**
- **কেন আমাদের মেধা আজও বিদেশমুখী**

---

**১০.৫: লেখার উদ্দেশ্য**

আমার লক্ষ্য ছিল না কেবল তথ্য দিয়ে বই লেখা।
আমার লক্ষ্য ছিল—

“ দেশের মেধাবীরা যেন একবার হলেও ভাবে—আমরা কে ছিলাম, কোথায় গেলাম, এবং কী হতে পারি? ”

আমি এই বই লিখেছি—

- ভবিষ্যৎ প্রজন্মকে জাগিয়ে তুলতে
- রাষ্ট্রের শিক্ষা নীতির পরিবর্তনের ডাক দিতে
- ভুলে যাওয়া ঐতিহ্য ও আত্মপরিচয় ফিরিয়ে আনতে

---

**১০.৬: ভবিষ্যতের দিকে তাকিয়ে**

আমরা যদি সত্যিই চায়—

- মেধা থাকবে দেশে,
- গবেষণা হবে বাংলাদেশে,
- উদ্ভাবন হবে বাংলায়,
- বিশ্ববিদ্যালয় হবে আলোকবর্তিকা,
- এবং জাতি হবে সত্যিকার অর্থে জ্ঞানভিত্তিক—

তবে এখনই সময়।

“ এখনই সময় ঐক্যবদ্ধ হয়ে বলার—
আমরা আর অন্ধকারে থাকতে চাই না,
আমরা আবারো আলো ছড়াতে চাই। ”

---

**১০.৭: শেষ কথা**

আমি হারাইনি,
আমি লিখেছি।

আমার বইয়ের পাতায় আপনি যে ইতিহাস দেখছেন,
তা কেবল অতীত নয়—
তা হতে পারে আপনার ভবিষ্যৎ।

আমার বিশ্বাস—

“ ইতিহাস শুধু অতীত নয়,
ইতিহাসই ভবিষ্যতের চাবিকাঠি। ”

---

*শেষ*

**বই: ইউরোপ যখন অন্ধকারে, আমরা তখন আলোয়**
*(Johirul Islam – An Investigative Memoir)*

www.ingramcontent.com/pod-product-compliance
Lightning Source LLC
LaVergne TN
LVHW082054051026
849532LV00011B/3589
* 9 7 9 8 2 3 1 7 4 7 2 5 2 *